만화로 보는 인도의 성자
선다 싱의 생애

만화로 보는 인도의 성자
선다 싱의 생애

1판 1쇄 인쇄 2013년 10월 25일
1판 1쇄 발행 2013년 10월 30일

지은이 시릴 J. 데이브
그 림 박찬식
발행인 한동인
펴낸곳 (주)씨뿌리는 사람

등록번호 제2006-4호
주　　소 경기도 이천시 부발읍 아미리 725
　　　　　(서울사무소) T. 741-5184~5 F. 744-1634

책값은 뒤표지에 있습니다.

ISBN 978-89-90342-30-0 97230

"천국은 마치 사람이 자기 밭에 갖다 심은 겨자씨 한 알 같으니
이는 모든 씨보다 작은 것이로되 자란 후에는 나물보다 커서 나무가 되매
공중의 새들이 와서 그 가지에 깃들이느니라"(마 13:31-32).

공급처　기독교문사 도매부 T. 741-5181~3 F. 762-2234

만화로 보는 인도의 성자
선다 싱의 생애
박찬식 그림/한동인 편

씨뿌리는 사람

편집인의 글

　선다 싱은 1889년 인도의 부유한 시크교도 집안에서 태어나 어머니의 알뜰한 사랑 속에서 종교를 배우며 성장했습니다. 14세 때 어머니가 돌아가시자 실의에 빠져 부랑아가 되어 서양 선교사를 핍박하고 성경을 불태웠습니다. 그러던 중 어느 날 새벽, 명상과 기도를 통해 하나님을 만나고 성경을 깨달은 선다 싱은 이제부터 주님만을 위해 살겠다고 다짐을 하고 황색 도복을 입고 맨발로 높고 험한 히말라야 산맥을 넘어 난폭하고 무지한 티벳 사람들에게 기독교의 복음을 전파했습니다.

　그는 개종으로 인해 가문에서 추방당하고 독살될 뻔했으나 기적적으로 살아나 신학을 공부하여 목사가 되었고, 티벳 선교를 결심하고 40일간 금식을 했습니다. 티벳에서 선교하던 중 라마승의 적대를 받아 3일간 시체가 뒹구는 우물에 갇혔다가 하나님의 도우심으로 구출되기도 했고, 거머리 세례를 받는 등 예수님의 고난에 동참하면서 복음을 전한 결과 티벳 지역에서 복음의 열매를 맺게 되었습니다. 그리고 마침내 선다의 아버지인 셔 싱도 예수 그리스도를 영접하게 되었습니다.

이후 선다 싱은 영국과 미국으로부터 전도집회에 초청을 받아서 복음을 전했는데 물질문명에 젖은 기독교 국가들의 정신 상태를 신랄하게 공격했습니다.

33세 되던 해에는 예루살렘 성지를 순례하며 예수님의 발자취를 느꼈고, 40세 때에 티벳 선교 도중 실종되었습니다. 그의 행방을 아는 사람은 아무도 없고, 그의 시신을 찾을 수도 없었습니다. 그의 최후는 하나님만 아실 뿐입니다.

교회가 세속화되어 가고 개인의 신앙도 변질되어 초대교회의 모습을 잃은 지 이미 오래임에도 불구하고 신앙인의 지침서이자 나침반인 『티벳 성자 선다 싱』은 꾸준히 독자들의 사랑을 받아왔습니다.

선다 싱의 이야기는 그리스도인의 인생을 좌우할 만한 이야기라 생각되어 이번 기회에 어린이나 청소년까지 쉽게 읽을 수 있도록 만화로 제작하게 되었습니다.

아무쪼록 이 책이 신앙인이나 일반인의 가슴속에 큰 감동으로 자리할 것을 믿으며 일독을 권합니다.

발행인 한 동 인

차례

1장 어린 시절 _ 10
2장 어머니의 죽음 _ 24
3장 방황 _ 30
4장 예수님을 만나다 _ 40
5장 고난의 길 _ 56
6장 맨발의 전도자 황색 도복을 입다 _ 70
7장 히말라야 산맥을 넘어서 _ 77
8장 수도자 마하리쉬 _ 88
9장 그리스도를 본받아 _ 95
10장 고난 _ 112
11장 하나님의 사랑에 빠진 기독교 신자 _ 123
12장 은혜의 여정 _ 130
13장 마지막 전도 _ 148

선다 싱은 인도 북부 지방의 엄격한 시크교도의 집안에서 태어나 시크교 교육을 받으며 성장했다. 그러던 중에 어머니를 잃고 방황하다가 우여곡절 끝에 선교사가 세운 학교에 다닌 것이 계기가 되어 예수 그리스도를 영접하게 되고 평생을 헌신할 것을 다짐하고 세계적인 전도자로서의 삶을 살았다. 특히 티벳 사람들에게 복음을 전하기 위해 수없이 히말라야 산맥을 넘나들었다.

티벳 사람들을 위한 선교여행은 죽음을 동반한 여행이었다. 혹독한 추위와 산야를 누비는 맹수들의 위협, 티벳 주민들의 박해 등은 용감한 개척정신과 순교정신이 없었다면 이겨 낼 수 없는 힘겨운 여정이었다.

그럼에도 불구하고 선다 싱은 그곳에 꾸준히 복음을 전하였고, 결국 40이라는 나이로 마지막 티벳 여행 길에서 생을 마감한다.
선다 싱은 1929년 티벳 선교여행을 떠났다가 실종되었다. 그의 최후의 순간을 본 사람은 아무도 없었다.
그는 구약 시대의 에녹처럼 평생 동안 하나님과 동행하다가 하나님 곁으로 간 사람으로, 독실한 기독교인으로서 당대 사람들로부터 '성자'라는 칭호를 들었다.
그는 생이 다하는 날까지 복음을 전하기 위한 목적으로 일관되게 살았다. 그는 생전에 사람들로부터 '예수 그리스도를 닮았다'는 평을 받았다.

1장

어린 시절

선다 싱은 1889년 인도의 푼잡 지방에서 출생했다. 그의 아버지 셔 싱은 고관이었고 지주였다.

부모님은 모두 힌두교의 개혁 종파 중의 하나인 시크교의 독실한 신자였다.

시크교도로서 신앙심이 강한 어머니는 어려서부터 선다에게 종교 교육을 시켰다.

18세기 시크교도들은 군인이 되었다. 각 신도에게 '싱'(사자)이라는 성(姓)을 주고 시크교도를 상징하는 표지도 주었다. 그리고 머리를 깎지 않고, 강철 팔찌를 찼고, 용기를 과시하기 위해 단도를 지니고 다녔다.

선다의 어머니는 아들의 시크교 신앙이 흔들리지 않도록 아침마다 먼저 기도실로 데리고 가서 기도해 주었다.

그 학교에 다니더라도 절대로 기독교에 물들어선 안 된다, 아들아!

예! 어머니.

나는 시크교도다!

선다는 사실 처음부터 선생님의 입에서 기독교에 대한 이야기가 나올 때마다 반항적인 생각이 들었다.

하나님의 말씀은 성경에…

기독교는 진리가 아니다! 진리는 시크교 뿐이라고 어머니가 그러셨어!

그러다 보니 반항적인 심리가 점점 더해져 갔다.

저기 장난하는 학생, 누구지?

선다 싱!

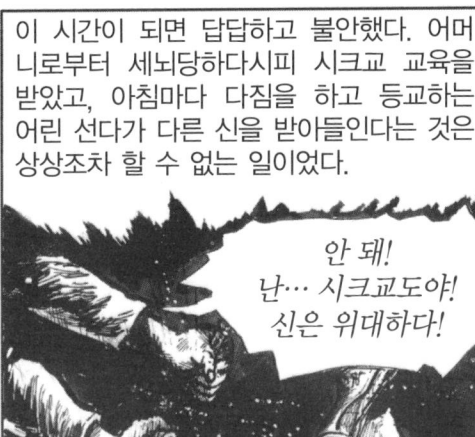

선다가 저지른 일은 학교에서 화젯거리가 되었다. 어린 학생이 종교적인 신념 때문에 자신을 가르치는 교사 앞에서 당돌하게 행동을 하는 것은 쉽게 납득할 수 없는 일이었다.

시크교만이 진리야!

한편 시크교도들은 선다의 그런 행동을 영웅시하고 있었다.

그 선생이 꼼짝 못 하고 당했대요, 글쎄!

천상 사도감이야!

나도 봤어요!

기독교를 이겼다고?

사실 선다를 기독교 학교에 보냈을 때만 해도 시크교도들은 그의 부모를 맹렬하게 공격했다.

자식을 기독교 학교에 보내다니!

그건 배교나 다름없어!

그러나 이번 일로 상황이 완전히 바뀌었다. 어린 선다는 자신이 시크교도라는 것을 입증한 것이다.

그래? 과연 시크교도다운 용기다!

암! 선다는 영웅적인 신앙을 지니고 있었어!

그러나 누구보다 선다를 마음 든든하게 생각한 것은 어머니였다.

어린 시절 23

2장

어머니의 죽음

> 그러나 그 후 오래잖아 선다는 커다란 슬픔을 만나게 되었다. 가장 큰 의지가 되었던 어머니가 세상을 떠나고 만 것이다.

어머니!

> 어느 날 사랑하는 어머니는 아들의 손을 꼭 붙잡은 채 말 한 마디 남기지 못하고 숨을 거두었다. 이때 선다 싱의 나이 14세였다.

돌아가시면 안돼요, 어머니!

선다는 사랑하는 어머니가 세상을 떠나고 난 후 어려서부터 지금까지 열심히 섬겼던 시크교의 진리에 대하여 커다란 회의를 품게 되었다.

만일 시크교의 신이 참된 신이라면…

어찌하여 그동안 충실하게 섬겨 왔던 어머니를 그토록 일찍 죽게 만든단 말인가?

의문과 반항심리가 시크교로부터 그의 마음을 더욱 멀어지게 하였다.

모든 일이 다 귀찮아져… 의욕을 잃었다…

신에 대한 회의와 어머니를 잃은 상실감으로 인해 선다의 마음은 걷잡을 수 없이 우울해졌다.

……

3장

방황

먼 국립학교를 다니던 어느 날 선다는 그만 병이 나고 말았다. 먼 길을 통학하면서 뜨거운 햇빛을 오랫동안 쪼인 데다 풍토병인 말라리아에 걸리고 만 것이다.

아, 아… 어머니…

사랑하는 아들이 죽을지도 모를 병에 걸리자 아버지는 근심에 싸였다.

의사 선생님! 괜찮겠습니까?

학교를 오가는 것이 무리인 것 같군요.

선다는 여러 날 높은 열 때문에 혼수상태에서 허우적거리다가 간신히 회복되었다.

아버지…

살아났구나, 선다!

다시는 너를 못 볼 줄 알았구나.

아이들은 선다가 성경책을 샀기 때문에 그가 그리스도인이 된 줄로만 알았다.

"멋있다!"

그런데 선다는 친구들을 모두 자기 집 안마당에 초대해 놓고 나뭇단 위에 성경책을 올려 놓았다.

"흐흐, 내가 너희들에게 보여 줄 것은…"

"바로 이것이다!"
"악!"
"이 냄새는… 석, 석유다!"
"너무 심하다, 선다 싱!"

"으악, 무슨 짓이야? 안 돼!"
"거기에 불을 붙이려고?!"
"선다 싱! 그건 벌받을 짓이야! 천벌!"

얘들아, 바로 이거야. 나는 너희 모두에게 이것을 꼭 보여 주고 싶었거든! 봐라!

불 붙었다!

성경책에 불이 붙었어!

어맛! 선다가 미쳤어!

소위 기독교 신자들이 경전으로 받들고 있는 이 성경이라는 책은 온통 거짓말투성이야. 하나님이 우주 만물을 엿새 동안에 만들었다느니, 예수가 떡 다섯 덩이와 물고기 두 마리로 오천 명을 먹이고 열두 바구니가 남았다느니 하는 것은 모두 거짓말이라고!

4장

예수님을 만나다

선다는 성경을 불태운 후로 3일 동안 방 안에서 나오지 않았다.

애야! 문 좀 열어 봐라! 나와서 뭘 좀 먹으라니까!

선다!

……

선다는 문고리를 안으로 걸어잠그고 누구도 들어오는 것을 허락하지 않았다.

선다가 성경을 태운 것은 그가 죽기 전에 하나님께 반항한 마지막 행동이었다.

만일 하나님이 구해 주시지 않았다면 선다는 끝까지 하나님을 부인했을 것이다.

라호르로 가는 마지막 열차가 기적을 울리며 지나가고 있었다.

기독교에 대한 복수심을 푼 통쾌함은 일시적인 것일 뿐, 그 후로는 오히려 마음이 무거웠다.

도대체 사람은 무엇 때문에 이 세상에 태어나서 살게 되었담…?

학교도 가지 않고 아무것도 먹지 않은 채 방구석에 가만히 앉아 있으려니 수많은 의문이 맴돌았다.

우리 시크교가 믿고 있는 신은 정말 분명히 존재하는 분일까?

사람이 죽으면 어디로 가는 것일까?

답답한 마음에 세상을 떠난 어머니를 불러 보았다.

어머니, 지금 어디에 계신가요? 저도 어머니 계신 곳으로 가고 싶어요.

예수님을 만나다

저는 지금 마음이 괴로워서 미치겠습니다. 만약 당신이 살아 계신다면 제 마음에 평화를 주소서!

선다는 자기가 신봉하는 시크교의 신을 불러보기도 했다.

오, 시크교의 신이시여! 만약 당신이 분명히 존재하신다면 저를 구원하여 주소서!

그러나 그의 이런 간절한 호소와 부르짖음에도 아무 응답이 없었다.

아, 나는 버림받은 사람이 분명해. 그렇다면 나는 누구를 의지하며 살아가야 한단 말인가?

아버지가 밖에서 아무리 애타게 불러도 선다는 말이 없었다.

선다! 아버지 말씀 들어!

나와서 뭐라도 좀 먹으렴, 선다!

……

그 고집은 못말려!

아버지가 떠나가자 선다의 가슴에는 더욱 스산한 외로움이 밀려들었다.

……

선다는 자기연민에 빠져 소리내어 울었다. 자기를 이해해 줄 만한 사람이 주위에 아무도 없는 것 같았다.

그러던 중 선다는 뜻밖의 체험을 하였다. 선다가 절벽 끝에서 몸부림치고 있을 때 하나님이 그를 찾아 주신 것이다.

선다가 방 안에 틀어박혀 아무것도 먹지 않은 지 사흘째 되던 날…

하나님…

이날도 선다는 무거운 마음으로 눈을 떴다. 그런데 한순간 선다의 입에서 자기도 모르게 말이 흘러나왔다.

하나님! 정말로 당신은 살아 계신 분입니까? 만일 살아 계신다면 지금 제게 똑똑히 대답해 주십시오!

그러나 시크교도의 신이 그러했듯이 하나님도 아무런 반응이 없었다.

임하소서, 하나님…

라호르로 가는 첫 열차였다.

나는 오늘 밤부터 내일 새벽까지 하나님께 매달려 계속 기도할 것이다. 그때까지도 아무런 응답이 없다면…

나는 내일 이 시간에 지나는 저 열차에 뛰어들어 자결할 것이다.

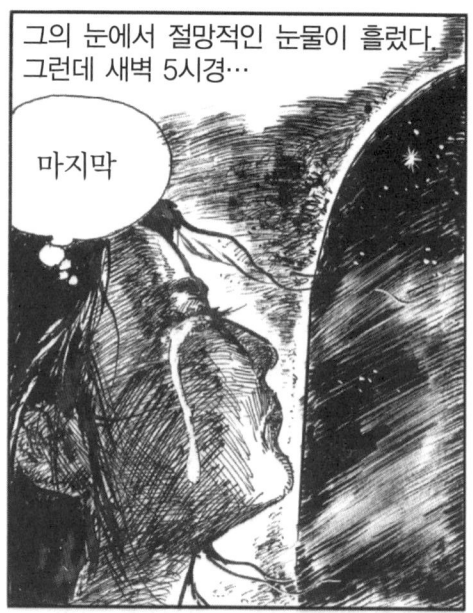

"내가 십자가 위에서 죽은 것은 온 세상 사람들의 죄뿐만 아니라 너의 죄까지도 다 지고서 죽은 것이란다.

"그럼 저는 어떻게 해야 합니까?"

"이제는 너의 죄가 다 사함 받은 것을 믿고서 하나님께 영광과 감사 찬양만을 드리도록 하여라.

선다는 바닥으로 풀썩 고꾸라지면서 소리쳤다.

"오, 나의 구주 예수님이여! 지금까지 살아 계신 하나님을 부정하고, 우상을 섬겨 왔던 저의 큰 죄를 용서하여 주소서.

그리고 이제부터는 저를 대신하여 죽으신 주님만을 따르게 하옵소서!"

어느새 예수님의 모습은 선다의 눈앞에서 사라졌다.

선다 싱, 살아 계신 하나님께서 너를 앞으로 큰 그릇으로 만들어 쓰실 것이다.

방심하지 말고 기도로 준비하려무나…

오, 주님! 이제는 주님만을 따르겠습니다. 저를 붙들어 주셔서 제 걸음이 빗나가지 않도록 도와 주소서.

예수 그리스도의 열두 제자 가운데 하나인 도마가 인도 땅에 복음을 전한 이래 영안을 뜨고서 주님을 직접 만나 본 사람은 선다 싱이 처음이자 마지막이다.

주님은 내게 자신을 보여 주셨다!

5장

고난의 길

예수님과의 만남은 선다의 생애에 극적인 전환을 가져왔다.

새 아침이다.

예수님과의 만남은 그의 무거운 마음의 번민 등 모든 문제를 깨끗이 정리해 주었다.

오, 하나님! 감사합니다.

이제는 하나님에 대한 확신과 기쁨과 평안이 그의 마음을 온통 사로잡았다.

감사합니다!

선다는 대답하지 않았다.

선다는 잠시 후에 사촌과 작별하고 집으로 돌아왔다. 군주의 말이 귓전에 맴돌았다.

너는 시크족의 이름을 가졌고, 시크족의 후예다!

군주는 기독교인을 포기하지 않겠다는 선다의 결심을 전해 듣고 설득을 해 보려고 한 것이다.

그래?

군주님의 말씀을 들을 것입니다.

그러나 선다는 자기 방으로 들어가서 가장 먼저 시크족의 표시로 어렸을 때부터 길러온 머리를 잘랐다.

싹둑

이번 기회에 내가 시크교도가 아니라는 것을 분명히 밝혀야겠다.

이젠 그 누구도 나를 시크교도라고 생각하지 않을 거야. 군주님도 아버지도 나의 이런 결심을 보면 포기하시겠지.

아들을 본 아버지는 아연실색했다.

으악!

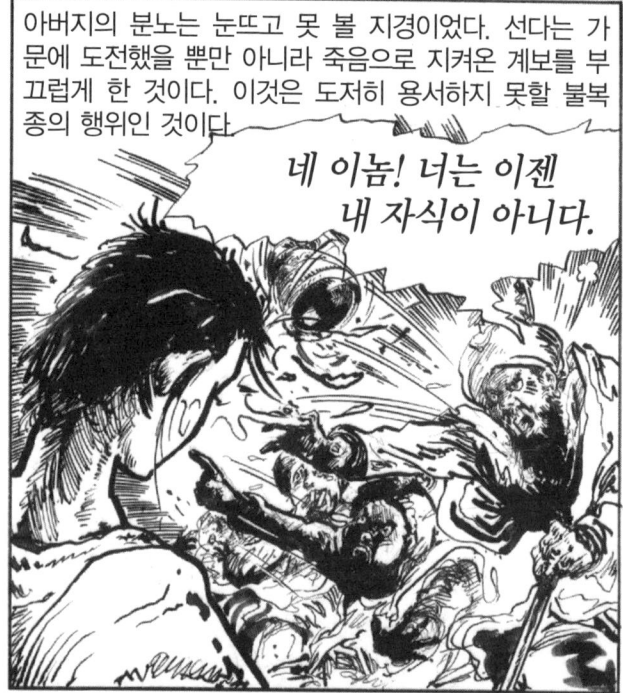

아버지의 분노는 눈뜨고 못 볼 지경이었다. 선다는 가문에 도전했을 뿐만 아니라 죽음으로 지켜온 계보를 부끄럽게 한 것이다. 이것은 도저히 용서하지 못할 불복종의 행위인 것이다.

네 이놈! 너는 이젠 내 자식이 아니다.

하지만 그는 결코 외롭지 않았다. 그를 만나 주셨던 예수님의 말씀이 그에게 위로가 되었던 것이다.

> 염려하지 말아라.
> 살아 계신 하나님께서 너를
> 큰 그릇으로 만들어 쓰실
> 터이니…

선다는 신약성경을 손에 꼭 쥐고 나무 아래서 날을 지새웠다.

그는 예수님께서 같이하신다는 사실이 너무 기뻐 루디아나로 가는 기차를 탈 때까지도 배가 아픈 것을 느끼지 못했다.

그런데 기차를 타자 점점 고통이 심해졌다.

6장

맨발의 전도자 황색 도복을 입다

선다 싱은 1905년 9월 3일 루디아나 교회에서 레드맨(J. Redman) 목사와 챈더 랄(Canon Chandu Lal)에게 세례를 받았다. 그의 나이 16세 되던 생일날이었다.

성부와 성자와 성령의 이름으로

세례를 받습니다.

심라(Simla)산

저는 주님의 발자취를 따를 자격이 없습니다. 그러나 주님처럼 집과 재산을 다 버리고 우리 인도 국민들의 고통을 함께 나누는 길을 걷고 싶습니다.

세상으로 돌아가자. 마을로 가서

이제부터는 누구를 만나더라도 주님의 사랑을 뜨겁게 전하자.

선다는 고향으로 가 길거리에서도, 시장에서도 전도했다.

아아, 내 아들 선다. 신의 뜻은 알 수 없구나. 독을 먹고도 살아나 저처럼 열심이니…

힘이 넘쳐 흘러 전도하고 있어요.

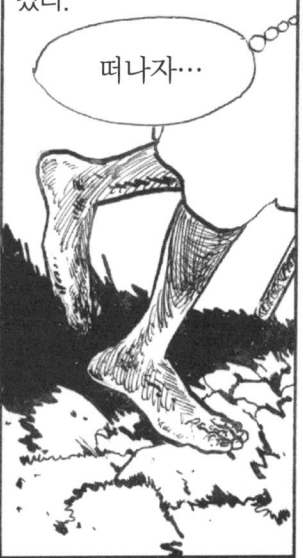

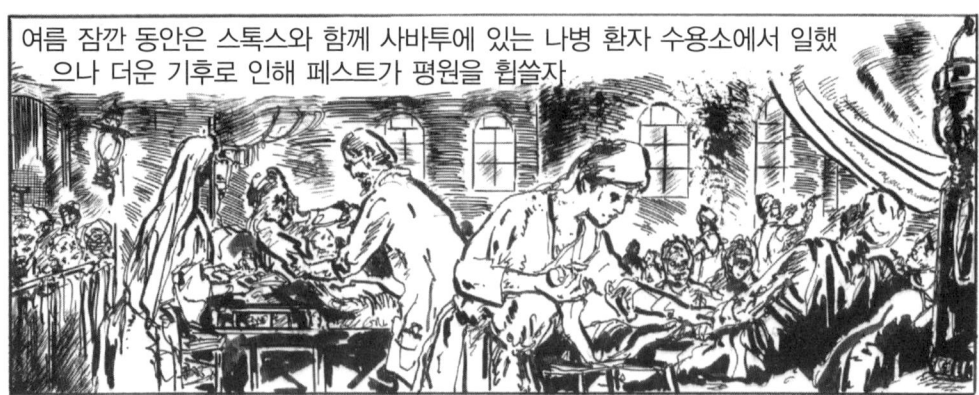

여름 잠깐 동안은 스톡스와 함께 사바투에 있는 나병 환자 수용소에서 일했으나 더운 기후로 인해 페스트가 평원을 휩쓸자

두 사람은 함께 밤낮으로 일하며 펀자브 평원의 마을과 라호르에서 페스트 환자들을 돌보며 선교했다.

몇 달 동안 함께 지내면서 스톡스는 중세 이탈리아의 성자 프란체스코의 사상을 가르쳐 주었고, 선다의 믿음을 굳건히 해 주었다.

무소유의 프란체스코 성자는 하나님의 사랑을 몸소 실천하며 살았어요.

1908년 스톡스는 잠시 미국으로 돌아갔다.

지금 선다가 하고 있는 사도 생활도 다른 나라에서는 찾아볼 수 없는 커다란 기쁨이 될 것입니다.

격려해 주셔서 감사합니다, 선교사님!

7장

히말라야 산맥을 넘어서

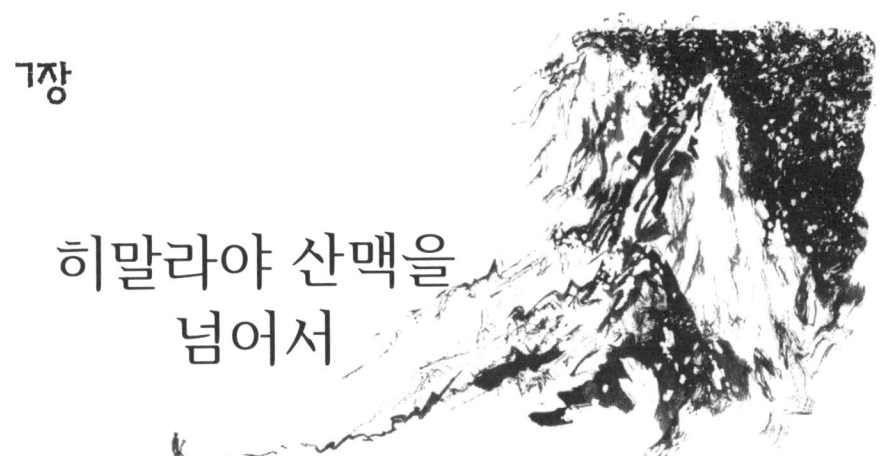

선다는 티벳 선교를 꿈꾸고 실행했다. 선다는 19세 때인 1908년부터 20년 동안 줄기차게 티벳 선교에 주력했다.

티벳 사람들의 불쌍한 영혼이 그의 마음 속에서 떠나지 않았다.

우리에게 전해진 복음을 움켜쥐고 있을 수 없다.

티벳 지방은 히말라야 산맥을 넘어서 중앙아시아에 위치한 세계에서 가장 높은 고원지대여서 1년 내내 혹독한 추위가 계속되었다.

아무리 어렵고 위험하다 할지라도 복음을 티벳에 전해 주어야 한다!

그곳은 겨우 6백만 명이 흩어져서 외부와 단절된 채 어렵게 살고 있었다.

전통적으로 불교의 한 종파인 라마교를 신봉하고 있었기 때문에 라마승의 수장이 그들을 통치하고 있었다.

옴마니…

옴마니 파드 메움
(Om mane padme hum)

그날 밤 선다는 난디의 집에 머물면서 마을 사람들에게 여러 시간 동안 예수님에 대해 이야기했다.

그 후부터 이곳 주민들은 그를 환영했다.

한 가지 신기한 일은 선다가 일해 주던 그 밭에서 다음 해에 지금까지 난디가 추수했던 것보다 훨씬 많은 수확을 거두었다는 것이다.

그는 오로지 티벳 사람들의 구원을 위해서 일생을 건 셈인데 그곳에 가기 위해 히말라야 산맥을 넘는 것은 생명을 건 여행이었다.

혹독하게 추운 겨울, 온 산야를 덮은 무서운 눈더미와

온갖 맹수들의 습격 그리고 라마승의 모진 박해 등이 언제나 가로놓여 있었다.

게다가 그 험한 길을 그는 항상 맨발로 걸었으니 그 형극이 오죽했겠는가!

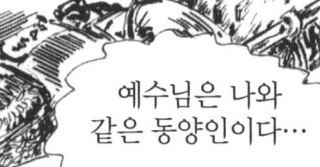
1909년 선다는 라호아에 있는 요한신학대학에 입학하여 3년간 공부하게 되었다.

예수님은 나와 같은 동양인이다…

역사에 의하면 복음이 처음 인도에 전해진 것은 서양인이 아니라 시리아 사도에 의해서였다. 그렇지 않은가?

맞아!

그런데 기차가 조그만 역에서 정차했을 때 브라만교 승려가 기차의 소음과 과열로 혼수 상태가 되었다.

정신차려요, 스님!

물, 물…

역장이 식당차에서 물 한 잔을 가지고 달려나왔다.

자, 물이오! 입을 벌려요!

읍, 읍!

심한 탈수증 같아!

요한신학대학에서 비교종교와 신학에 대한 수필을 쓰면서도 선다의 마음은 히말라야 산맥의 눈덮인 다리를 건너 방황하고 있었다.

나의 소명은 티벳…

선다는 사귀기 쉬운 사람이 아니었다. 학생들은 그를 말수 적고 괴팍한 사람으로 생각했다.

뭐야, 저 복장은?

저 친구 우스꽝스럽군!

기독교 학교에 웬 도사?

선다와 학생들 간의 외모와 성격 차이가 너무 컸다.

밖에선 맨발의 전도사로 제법 유명하다던데?

경건한 체하는 위선자가 아닐까?

글쎄…

선다는 이미 인도의 신학생들에게 큰 영향을 주고 있었다. 가까운 친구인 수실 루드라는 델리에 있는 후일 많은 지도자들이 나온 스데반대학교 학생이었고, 세계적으로 유명한 앤드루스는 같은 학교 간부였다.

칼카를 떠나 티벳에 가려는 선다에게 수실 루드라는 편지로 여러 번 소식을 전했다.

"자네가 얼마나 그 고유한 도복을 아끼고 있는지, 자네가 마을로 다니면서 전하는 맨발의 설교가 얼마나 귀중한지 알고 있네. 자네는 인도 국민에게 동양 잔으로 생명수를 공급하고 있는 것이네."

이번 여름 원정은 카일라스산을 넘을 계획이었다.

"미지의 산 카일라스…"

히말라야 산맥을 넘어서 87

8장

수도자 마하리쉬

1912년 선다는 놀랄 만한 모험을 했다. 선다는 유명한 카일라스 지방을 거쳐 생소한 길로 가왈(Garhwal) 북쪽에 있는 티벳으로 들어갈 계획을 세웠다.

선다 자신은 믿기 어려운 이 모험에 대해 별로 말하지 않았으나 그 후 다른 여행자들이 선다의 이 모험을 입증해 주었다.

가왈 지방은 옛날 힌두교 신들이 살고 있던 인도의 올림푸스 산으로 알려져 있었다.

높은 산정에 있는 거대한 만소로와 호수에는 야생 백조가 날아들고, 무너진 오래된 불교 사찰들이 숲 속에 자리 잡고 있어 매우 아름다운 곳이었다.

고원지대에서는 도둑 떼가 순례자와 기아네임에 있는 시장에서 오는 티벳 상인들을 습격했다.

이곳에는 세상을 등진 사람들이 명상과 기도를 위해 모였다.

옴…

선다는 그런 사람들을 만났으면 했다.

끊임없는 수양을 통해 더 나은 것을 얻을 수도 있을 거야, 고행이 아닌…

아름다운 경치에 선다는 넋을 잃었다.
해가 지는군…

노련한 등산가였지만 선다는 지쳐 미끄러졌다.
앗!
미끌!

아아

시간이 얼마나 지났을까, 선다가 눈을 떠 보니 동굴 속이었다.
아!

긴 머리카락, 쭈글쭈글한 얼굴, 갈색 털이 난 몸뚱이, 흡사 야생 동물과 같았다.

크크…

그러나 말을 하는 것으로 보아 그는 사람이었다. 선다는 두려움으로 움직일 수가 없었다.

눈을 떴군. 이 잎사귀를 씹어 먹어 봐.

음음…

짐승 같은 노인은 파란 잎사귀를 던져 주었다. 이 노인이 그를 구해 준 것이다.

자, 씹어 먹어!

그것을 씹어 먹자 금방 더운 피가 얼음장 같은 몸을 덥혀 주었다. 그는 주위를 살펴보았다.

이건… 꿈이냐 생시냐.

자! 살아났으니 하나님께 같이 기도드리자!

인도에서 이집트로 선교하러 온 사도를 만났어. 이 사람이 성자 사비에르의 조카인 어나우스 선교사지.

서로 사랑하십시오.

그를 통해 예수 그리스도의 구원의 참 진리를 들었다.

하나님이 세상을 이처럼 사랑하사 독생자를 주셨으니…

이제야 나는 길을 찾았습니다, 어나우스님!

그 후 어나우스 선교사를 따라 곳곳을 여행하고 인도의 동부에서 헤어져 선교하면서 죄와 고통 속의 인도를 헤매다가

물려받은 이 성경을 기념으로 전하겠소.

기억하겠습니다, 어나우스님…

약 300년 전에 안식처를 찾아 카일라스 산맥에 들어와 나뭇잎과 풀로 연명하면서 수행하고 있다는 것이다.

300년 동안? 믿을 수 없어… 구약 시대도 아니고…

정 그렇다면 이걸 보여 주지, 크크…

믿을 수 없는 이 이야기를 증명하기 위해 그는 언설체로 쓰인 성자 사비에르가 가지고 있던 양피지 성경을 보여 주었다.

그래도 내 말을 믿지 못하겠나? 쯧쯧…

양피지에 쓰인 300년이나 된 두루마리 성경! 믿을 수 없는 사실이다!

마하리시는 300년 동안 나뭇잎과 풀만 먹으면서 양피지에 기록한 성경 말씀을 읽고 있었다. 다시 보니 그의 모습은 성자의 모습이었다.

내가 아닌 그리스도 주 예수님을 믿게나…

선다는 마하리시와 작별한 후 생각을 바꾸었다.

어떻게 믿음 하나만 가지고서 복음을 전할 수 있겠는가! 나도 더 수행을 하여 덕을 닦은 후에 전도해야 바람직한 수확을 거둘 수 있을 것이다…

6장

그리스도를 본받아

선다 싱은 인도 북부 데라둔까지 뻗은 빽빽한 밀림 속으로 들어가 40일 금식기도에 들어갔다.

그는 주먹만한 돌멩이 40개를 모았다.

아침마다 한 개씩 집어던지면 날짜를 계산할 수 있겠지.

선다가 모교인 요한신학교에 들렀을 때 교수 한 분이 토마스 아켐피스의 『그리스도를 본받아』라는 책을 선물했다.

그리스도를 본받아…

선다는 금방 그 책에 마음을 사로잡혔다.

천국의 영광을 얻기 위하여 예수를 따르는 사람은 많지만…

이 세상에서 그분의 십자가를 지고자 하는 사람은 적습니다. 예수와 함께 즐거움을 누리려 하는 사람은 많지만

그분을 위하여 고통을 달게 참겠다는 사람은 적습니다. 예수가 떡을 나누어 줄 때는 많은 사람이 따랐지만 그분이 고난의 잔을 마시는 데까지 따른 사람은 적었습니다.

예수의 기적을 보고 좇는 사람은 많았지만 골고다의 십자가까지 좇는 사람은 적었습니다.

아, 이제도 많은 사람이 예수를 사랑한다고 하지만 자기에게 아무 어려움이 없을 때만 그렇게 합니다.

많은 사람이 예수를 찬양하면서 축복을 기원하지만 자기가 위로를 받고 있을 때만 그렇게 합니다.

그러기에 주께서 단 한 번이라도 쓰디쓴 잔을 건네 주면 금방 낙심하고 떠나는 것입니다.

사실 그리스도의 전 생애는 그것이 바로 십자가요, 순교였습니다. 그런데 어찌하여 이기적인 안락만 찾고 있습니까. 만일 그대가 괴로운 일을 피하고 다른 것을 찾는다면 그대는 돌이킬 수 없는 과오의 함정에 떨어지고 맙니다.

진실로 현세의 생활은 비통한 일로 가득 차 있고, 그러기에 우리의 생은 어차피 십자가의 못들이 박혀 있다는 사실을 알아야 합니다. 그런데도 안락과 평안만 원한다면 우리의 영혼이 어찌 되겠습니까?

선다는 이 책을 읽으면서 감동과 탄식에 사로잡혀 있었다.

아, 나는 지금 주님의 정신과는 너무 멀리 떨어져 있구나. 주님이 나의 모습을 보고 얼마나 슬퍼하실까…

만약 지금 내가 정신을 차리지 않는다면, 내 영혼이 장차 어찌 될까?

……

사람이 죽었나?

수행자 같은데…

살아날는지 모르겠군.

이 고행자 선교단은 토마스 사도가 창설했고 지금은 2만 명 내지 4만 명이 활동하고 있다고 했다. 그들도 세례와 성찬의 기독교 의식을 행했다. 그러나 예배는 동양식이었다. 찬송가는 인도의 서정시였고, 기도할 때에는 힌두교도들이 성소 앞에서 하는 것처럼 땅에 엎드렸다.

선다는 구원을 바라며 기도했다.

"주님, 이 캄캄한 절망 속에서 어찌하면 헤어 날 수 있겠습니까! 어찌하면…"

우물 속에서 빠져나간다는 것은 불가능했다. 팔이 골절돼서 기어올라갈 수도 없었다.

"만일 올라간다 해도 도저히 밖으로 빠져나갈 수 없을 것이다."

대라마승이 열쇠를 옆구리에 항상 차고 있었기 때문이다.

"지금 이 순간에는 그가 벗어 놓은 옷 아래에 열쇠 꾸러미가 있을 것이다…"

시간이 흘러 날이 밝았다.

"……"

사흘이 지나갔다.

"……"

신선한 밤공기가 콧속으로 들어와 가슴속을 채웠다.

푸우, 맑은 공기…

주위를 둘러보니 아무도 없었다. 선다는 아픔을 참고 천천히 기었다.

다시 숨쉴 수 있게 된 것이 기적이다. 대체 누굴까?

언젠가 잠을 잤던 마당에 이르러 잠 속으로 빠져들어갔다.

구해 주신 분이…

선다는 동이 트자 목욕을 한 후 또다시 시장으로 선교하러 갔다.

저… 저… 우물 속…

귀신이다!

저런

다시 살아났어!

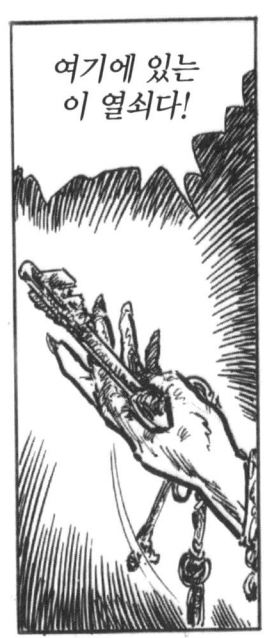

1마장

고난

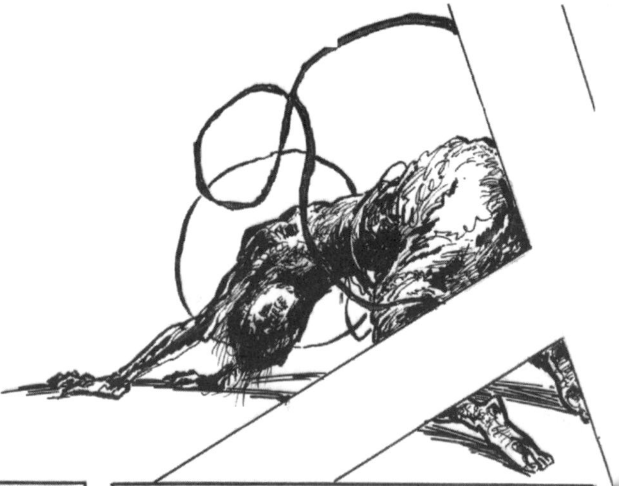

티벳 전역에서 기독교 선교를 금하거나 박해한 것은 아니었다. 그러나 선다는 주민들의 적대심이 강해 기독교가 전파되지 않고 접근하기 어려운 지방의 선교를 자원했다.

우리가 이 세상을 떠나면 그리스도의 십자가를 질 기회가 다시는 없다…

너무나 자주 죽음에 직면했던 선다이기에 죽음이 두렵지 않았다. 히말라야 산맥의 눈사태가 위협해도 그는 티벳에 사로잡혀 있었다.

그리스도를 위해 죽는 것은 쉽습니다. 오히려 그를 위해 사는 것이 어렵습니다.

선다 싱은 고기를 먹지 않고 채식만 했기 때문에 검소하기로 유명했다.

그가 걸치고 다니는 도복은 이미 낡을 대로 낡았지만 언제나 잘 세탁하여 단정하게 입고 다녔다.

선다는 키가 크고 당당한 풍채를 지녔다. 비바람과 눈보라 속에서도 밀림 속을 항상 떠돌아다녔기 때문에 신체가 단련되어 있었다.

고통을 견디는 인내력도 아주 놀라웠다. 주님을 위해 봉사하는 열정도 대단했고, 허세를 부리는 일도 없었다. 선다의 모습과 태도에 대해 사람들은 이렇게 말했다.

선다는 우리가 일찍이 알고 있는 그 누구보다도 예수님을 닮았다!

이러한 능력의 비밀은 예수님으로부터 나온 것임에 틀림없었다. 주님처럼 선다는 고요함과 명상의 가치와 필요성을 알고 있었다.

계곡물은 밀림으로 우거진 산 사이를 굽이쳐 흐르고, 높은 산봉우리들은 세계의 지붕을 이루고 있었다.

밀림과 만년설 때문에 티벳으로 가는 길은 좁고 험악했다. 선다는 두 길 중 이 길을 택했다.

이 길이 나의 길이다…

고난의 길은 계속되었다. 불교 사찰에서도 선교했고, 캄치 장터에서는 노한 군중에게 잡혀 매를 맞고 정신을 잃기도 했다.

군중들은 선다를 머리와 발만 내놓고 담요로 묶었다. 터번이 벗겨졌다.

눈을 떠 보니 숲속 한가운데 같았다.

고행자 선교단은 네팔과 구르카 왕국까지 와서 선다를 구해 주었다.

이곳은 불교가 확고하게 자리잡고 있었고, 산과 계곡에는 사원들이 많이 들어서 있었다. 에베레스트산과 칸친중가산은 굼 마을 하늘에 탑처럼 솟아 있었다.

여기서 선다는 티벳인 친구 타친과 헤어져 금지된 마을 일롬으로 향했다.

몸도 아직 회복이 안 됐는데 조심해요, 선다!

고맙네, 타친!

달빛 속의 그림자들은 선다에게 접근하여 팔다리를 풀어 주고 상처를 싸맨 후 안전한 지역으로 안내해 주었다.

그대는 십자가의 군병이다.

이제 편히 좀 쉬시오, 선다 싱!

아멘!

타친… 주님께서 천사들을 보내 주셨다.

선다! 정신이 납니까?

이번에 선다를 구해 준 사람들도 지난번에 이야기했던 기독교 지하운동인 고행자 선교단입니다.

그들은 주님의 사자였다. 나는 안다.

11장

하나님의 사랑에 빠진 기독교 신자

선다 싱은 여러 차례 전도여행을 통해서 하나님께서 그와 함께하신다는 것을 체험했다. 각지에서 선다 싱을 전도집회에 초청해 왔다. 그가 봄베이에서 북쪽으로 여행하고 있을 때였다.

수리수리 마수리!

마술을 부려 마법의 영통함을 보이겠다는데요, 선다.

저 사람은 능력 있는 유명한 마법사예요!

하나님의 능력은 그리스도 예수의 보혈입니다.

흥미롭군!

어떤 비법인지 보여 주시오!

어째 으스스 한데?

선다 싱은 1918년 그의 나이 29세 때부터 전도부흥집회에 초청받았다. 그는 청하는 곳마다 사양하지 않고 가서 기쁘게 설교해 주었다.

하나님은 사랑이십니다.
하나님은 빛이십니다.
빛이 세상에 오셔서…

오오… 그리스도!
예수여!
주님을 찬양!

그가 인도하는 집회마다 성공적이었다. 어떤 때는 1만 명이 모인 적도 있었다.

믿는 사람들에게는 하나님의 보호하심과 능력 주심이 있는 것입니다.

아멘!

선다는 북인도 지역뿐만 아니라 남인도에도 복음을 전했다.

……

많은 사람이 복음을 받아들였다.

선다는 구름을 가리켰다.

태양은 바닷물을 증발시켜 구름이 되게 합니다.

물방울이 모인 구름이 비가 되어 이 땅에 다시 떨어질 때에는 깨끗하고 순수하게 정화되어 우리가 먹을 수 있는 것입니다.

하나님께 상달되는 우리의 기도도 이와 같습니다.

기독교 신자란 하나님의 사랑에 빠진 사람입니다.

12장

은혜의 여정

1918년 초기부터 선다 싱은 인도에서 가장 훌륭한 종교 인물 가운데 한 사람이 되었다. 그의 명성은 힌두교, 무슬림교, 시크교까지 퍼졌다.

당당한 걸음걸이, 정직한 눈빛, 검소하고 깨끗한 몸매 등은 헝클어진 머리에 사람들에게 굽신거리는 대다수의 도사들과는 구별되었다.

그는 실론(스리랑카)에까지 가서 복음을 전했고, 벵갈에서는 인도의 시성 타고르의 집에 머물기도 했다. 그는 싱가포르, 중국, 일본 등지에서도 복음을 전했다.

선다의 명성은 30대가 되기도 전에 이미 인도 전역에 퍼졌다. 그가 가는 곳마다 기독교가 부흥했고, 새로운 신자들이 생겨났다.

실론 섬에서 선다는 병원에 입원하고 있는 소년으로부터 초청을 받았다.

모습이 꿈속의 예수님과 똑같아요, 선다 싱!

그래, 윌렴, 기도해 주마.

윌렴이 일어났어요.

선다는 이 소년의 회복을 위해 침대 옆에서 기도했다

주 예수 그리스도의 이름으로…

아멘…

선다는 대궐 같은 카타 싱의 아버지 집에서 나와 천천히 사막으로 걸어갔다.

아아… 주님의 뜻은 알 수가 없구나.

고맙소, 선다 싱.

맨발이 사막에 먼지를 일으켰다. 선다의 어깨를 누르는 단 하나의 인간적인 슬픔이 있었다.

아버지… 저도, 이 선다도 원하고 있습니다.

그것은 아버지와 완전한 화해를 하는 것이었다.

……

1919년 30세가 될 때까지 선다는 티벳을 열 차례 이상 여행했다. 티벳 정부는 선다의 입국을 금지하려고 했다. 그러나 선다는 매해 한 번도 거르지 않고 여름 전도여행을 하기 위해 이 나라에 들어갔다.

주께서 저희를 푸른 초장으로 인도 하시고…

한참을 가는데 업힌 사람이 입을 열었다. 정신이 든 것이다.

이게… 어찌 된 일이오?

정신이 좀 드십니까?

선다 싱은 너무 기뻐 감사기도를 드렸다.

주님, 저희의 목숨을 살려 주셔서 감사합니다.

그가 정신이 들자 그를 어깨로 부축하며 걸었다.

당신은 생명의 은인…

하나님께 감사하십시오.

이때 아주 기적적인 일이 생겼다. 위험한 티벳 여행에서 돌아와 잠시 람푸르에 있는 아버지의 집에 들렀을 때였다.

멀리 급행열차의 기적 소리가 루디아나의 밤하늘을 흔들어 놓았다. 아무리 냉정한 사람이라도 이런 밤에 기적 소리를 들으면 인생의 허무함을 느낄 것이다.

이때 선다의 마음속에 예수님이 오셔서 15년 전을 회상케 했다.

13장

마지막 전도

선다는 1920년 1월에 카이로호 여객선을 타고 영국으로 건너갔다.

성령의 인도하심…

선다는 영국이 기독교 국가로 인식되기를 희망했다. 그러나 그는 영국에서 동양의 뿌리 깊은 영성 대신 하나님이 안 계신 불쾌하고 무자비한 물질문명을 발견했다.

아아…

평화로운 영혼까지도 도시인들의 경쟁과 혼란으로 인한 서두르고 쫓기는 우울함의 소용돌이 속에 빠져 버릴 것만 같았다.

나는 히말라야 산중에 있는 한 연못에서 이상한 돌을 주웠습니다. 그것은 속이 빈 것이었는데 깨뜨려 보니 속은 물기가 하나도 없이 완전히 말라 있었습니다. 서양이 바로 그렇다고 생각합니다. 여러분은 수세기 동안 기독교의 물속에 잠겨 있었습니다. 그러나 기독교는 여러분의 마음속에 조금도 침투하지 못했습니다.

심판의 날에 동양의 비신자들은 서양의 당신네들보다 가벼운 심판을 받을 것입니다. 그들은 한 번도 복음을 들어보지 못했지만 당신네들은 항상 기회 속에서 살고 있는데도 복음을 받아들이지 않았기 때문입니다.

와아

와

마지막 전도 149

그는 1922년 33세의 나이에 성지를 순례했다. 예수님께서 태어나신 베들레헴

주님, 나의 갈 길 다 가도록 함께하여 주십시오.

제자들을 만났던 바닷가, 산상수훈을 들려주시던 곳 등을 차례로 둘러보았다.

그는 골고다 기념교회에 올라 기도했다.

예수님, 제 나이 33세가 되어 당신이 십자가에 못 박혀 돌아가신 이곳 골고다에 오르니 감회가 새롭습니다.

벌레만도 못한 저를 위하여 그런 고초를 당하셨으니 저도 주님께 이 한 몸을 온전히 바칩니다.

성지 순례 후에 선다는 프랑스, 독일, 덴마크, 스웨덴 등지에서 선교여행을 했다. 이제 그는 세계적인 인물이 되었고, 어느 나라를 가든 환영을 받았다.

유럽 여행에서 선다는 건강이 악화 되었다. 한쪽 눈은 시력을 잃었고, 다른 눈도 시력을 잃어 가고 있었다.

그렇다고 길을 중단할 수는 없습니다.

사막이나 설원에서 긴 시간을 보내면 치명적입니다.

1929년 4월 선다 싱은 사람들의 만류를 뿌리치고 티벳 선교의 길을 떠났다.

살아 있는 한 눈이 보이는 한 주님의 길을…

선다 싱의 실종 사실이 인도 전역에 알려진 것은 그해 6월이었다. 인도의 신문들이 그의 실종을 일제히 보도했다.

마침내 선다 싱을 찾아내고자 본격적인 활동이 시작되었으나 여전히 행방이 묘연했다. 오늘날까지 그의 최후를 아는 사람은 아무도 없다.

오직 그의 평생을 지켜 주신 하나님 한 분만이 알고 계실 뿐이다.

선다 싱은 오늘날까지 인도뿐 아니라 전 세계인의 가슴속에 영원히 살아 있는 성자로 기억되고 있다.

선다 싱의 연보

1889년	펀자브의 람푸르에서 출생
1903년(14세)	어머니가 돌아가시고 12월에 개종
1904년(15세)	가문에서 축출당해 루디아나로 감
1905년(16세)	심라에서 세례를 받고 성자가 됨
1906년(17세)	처음으로 긴 북쪽 여행길에서 미국인 갑부 스톡스를 만남
1907년(18세)	스톡스와 마을로 다니면서 선교함. 사바투의 나병 환자 수용소와 라호르의 페스트 환자를 돌봄
1908년(19세)	처음으로 티벳을 방문함
1909년(20세)	라호르의 요한신학교 졸업
1911년(22세)	목사 자격증을 반환하고 성자의 생활로 돌아감
1912년(23세)	북인도와 불교국의 여행을 연장함. 카일라스에서 마하리시를 발견하고 고행자 선교단을 만남. 브리티시 컬럼비아에 가려다 실패함. 40일간 금식함
1918년(29세)	남인도와 실론을 방문함
1919년(30세)	미얀마, 중국, 말라야, 일본을 여행함
1920년(31세)	처음으로 영국, 미국, 오스트레일리아를 방문함
1922년(33세)	2차로 유럽을 방문함. 귀국강연을 통해 인도 교회의 통합을 부르짖음
1923년(34세)	연합은행이 파산함. 티벳에서 돌아옴. 건강이 악화됨
1925년(36세)	심라에서 글을 쓰며 조용한 생활을 함
1927년(38세)	신병으로 티벳 여행 중 쓰러짐
1929년(40세)	마지막으로 티벳 여행을 시도함
1933년(44세)	인도 정부가 선다의 죽음을 확인함